Ruth Heil

Wer zählt meine Tränen?

Trost für Trauernde

mediaKern

Vorwort

Wir stehen am Grab und sind sprachlos. Warum auch sprechen,
wenn keiner mehr antwortet, der uns lieb war? Da hilft kein Trost, der sagt:
»Es wird alles gut werden.« Es ist nichts mehr gut.
Da sind nur Abschiedsschmerz und tiefe Traurigkeit.
Womit können wir uns und andere trösten, wenn der Mensch,
den wir liebten, nicht mehr antworten kann?
Wohin mit meinem Schmerz? Wohin mit meinen Tränen?
Wohin mit dieser Leere, die zurückbleibt und die von dem geliebten
Menschen nicht mehr gefüllt werden kann?
Da steht einer am Tor der Ewigkeit mit offenen Armen. Es ist Jesus Christus.
ER lädt uns ein, zu ihm zu kommen und seinen Trost und ihn selbst
in unser Herz zu lassen!
Wenn dann einmal unsere Zeit vollendet sein wird und unsere Stunde
schlägt, wird ER auch uns willkommen heißen.

Ruth Heil

Enttäuschung über Gott

Herr, mein Gott, ich verstehe dich nicht.
Ich bin enttäuscht über dein Handeln.
Ich habe gebetet, aber du hast mich nicht erhört.
Warum hast du nicht geantwortet?
Wie kann ich dir vertrauen,
wenn du mir das Liebste nimmst?
Wie kann ich wissen, ob du mich überhaupt hörst?
Herr, lass nicht zu, dass ich dich im Leid verliere!
Lass mich nicht im Meer meiner Tränen ertrinken!
Herr, hilf mir, ich fühle mich so ausgeliefert.
Herr, ich brauche dich.
Schick mir ein Licht in meine Dunkelheit!

Man hat Abschied genommen

Ich sage »man«, weil es so viele waren, die dich schätzten.
Der Pfarrer hatte gute Worte über dich und hatte recht.
Du bist ja jemand ganz Besonderes gewesen.
Gewesen?
Für mich bist du es immer noch.
Wir sangen Lieder, die du selber wünschtest,
doch Tränen hielten mich zurück, für dich zu singen.
Ich wollte fort, weit fort von diesem kalten Ort,
weg von dem Platz des Grauens und der Dunkelheit,
wo sie dich in die Erde legten.
Fort, um allein zu sein mit meinem Schmerz.

Abschied danach

Man sah einander wieder – anlasshalber.
Warum nicht öfter schon, als du noch lebtest?
Warum nicht mehr so miteinander froh gewesen,
erzählt, geteilt, mit dir gelacht?
Nun sitzen wir, die wir dich lieben, beisammen,
aneinander hängend, traurig und bedrückt.
Du fehlst uns so!
Ich sehe auch die anderen, die dich kannten.
Ob sie dich liebten und jetzt mit uns leiden?
Sie scheinen fröhlich und sind fast vergnügt,
genießen Kaffee, Brot und Kuchen,
erwähnen längst vergangne Zeiten,
erzählen ihre Pläne und ihr Tun.
Für sie bist du schon wieder fast vergessen.
Doch meine Zeit scheint stillzustehen.

Das Haus ist still

Die anderen sind gegangen
Die Nacht senkt sich auf unsre Erde.
Ich liege wach in meinem Bett und denk an dich.

Du ruhst jetzt auch,
ich will nicht denken, wo.
Wie Schatten sehe ich dein Bild.
Im Traum gehst du an mir vorüber,
fast kann ich dich greifen.
Doch wenn ich dann erwache, bist du mir so fern.
Wie fehlst du mir, geliebter Mensch, du fehlst mir so!

Herzliches Beileid

So steht es auch auf vielen Karten.
War es nur Pflicht, weil sie dich kannten?
Wenn eine Hand die meine drückte
in echtem Mitgefühl,
in des anderen Auge Tränen standen,
Schmerz um ihn, weil er jetzt nicht mehr da,
und auch um mich, weil er mir fehlt,
half mir das mehr als jedes ausgesprochne Wort.
Wie tröstlich waren solche Zeichen
des Leidens und des Mitgefühls
und auch der Dankbarkeit für meinen Toten,
den sie mochten,
für diesen Menschen, den ich liebte
und immer, immer lieben werde.

Bewahren will ich solche Kostbarkeiten echten Mitgefühls,
weil es dem Schmerz Linderung verschafft.

Du bist stumm

Kein Wort kommt mehr aus deinem Munde
und keine Antwort, wenn ich mit dir spreche
und in Gedanken alles sage,
was ich sagen wollte – und nicht sagte.
Auch auf mein Fragen bleibst du stumm.
Sag, hörst du mich?
Kannst du verstehen, was ich meine?
Ist jetzt dein Ohr vielleicht viel größer, als ich ahne?

So hör mich an!
Vergib mir bitte, wo ich dich verletzte,
im Ärger Worte sprach, die ich nicht meinte.
Verzeih mir meine Ungeduld mit dir,
wenn ich zu müde war, dir zuzuhören.
Ach, hörst du mich denn jetzt?
Oh, könnte ich doch von dir hören: »Gerne!«
Und wie sehr wünschte ich, dich zu umarmen!

Warum?

Herr, du mein Gott,
so sag mir doch, warum mein liebster Mensch gehen musste.
Erklär mir das Warum!
Du hattest alle Kraft und Macht,
ihn mir zu lassen!
Hättest du ein Wort gesprochen,
wäre er mir neu geschenkt.
Du scheinst ein ferner Gott zu sein,
der sich in Schweigen hüllt
und mich alleine lässt in meinem Schmerz
wie der Mensch, den ich liebte.
Und trotzdem schreie ich zu dir:
Herr, du mein Gott,
erbarme dich, ich brauche dich so sehr.

Ich schau dein Foto an

Es scheint mit mir zu sprechen.
Du lächelst leicht darauf,
entspannt, gelöst und froh.
Ich hör den Klang in deiner Stimme.
Du sprichst mich an, einfach so,
als wärst du mir ganz nah.
Und tröstend hör ich deine Worte:
»Gräme dich nicht so!
Ich bin dir nur vorausgegangen
an einen Ort, der dir verborgen ist.
Doch niemals wollte ich zurück mehr kommen,
weil dieser Platz so voller Freude ist.
Es geht mir gut.
Hier gibt es keine Nacht und keine Traurigkeit,
hier ist nur Singen und Geborgenheit.«

Es ist so unwirklich

Das Essen ist bereit,
ich rufe dich.
Vergessen hab ich für Momente,
dass du nicht kommen wirst.
Nie mehr wirst du an diesem Tische sitzen,
nie mehr den Löffel in den Teller tauchen,
nie mehr mir sagen: »Gut gemacht!«
Du sitzest jetzt an andren Tischen,
begegnest all den Lieben,
die vorausgegangen,
siehst, sprichst mit dem,
den du auf Erden unsichtbar schon kanntest.

Ich will´s dir gönnen,
dass die Last der Erde
nicht mehr auf deinen Schultern ruht.
Ja, du hast´s gut!

Dein Stuhl

Der Stuhl, auf dem du immer gern gesessen hast,
ich setz mich gegenüber, stell mir vor,
du wärst jetzt da.
So vieles würde ich dir gerne sagen.
So vieles wollt ich dich noch fragen.
Doch du bist stumm.
Tief drinnen aber weiß ich,
dass du es schon weißt.
Du weißt jetzt mehr, als ich wissen kann.
Du weißt jetzt auch,
wie viel du mir bedeutet hast
und noch bedeutest.

Ich steh an deinem Grab

Der Stein ist hart und kalt.
Auf vielen Steinen stehen viele Namen.
Doch deiner ist besonders.
Er gehört zu mir – und ich zu ihm.
Ich lese deinen Namen
und der Stein beginnt zu sprechen:
»Du siehst mich in dem Grab,
ich aber lebe frei von Erdenschwere und Gewalt.
Ich steh an deiner Seite, eben,
da du an mich denkst,
und spreche tröstende Gedanken.
Verzage nicht, die Zeit wird kommen,
da wir uns wiedersehen vor Gottes Angesicht.«

Die Kerze

Da du nun nicht mehr sprichst,
sprech ich mit dir.
In meiner stillen Ecke schauen wir uns an.
Ich hab dein Bild dort aufgestellt
und schenke dir mein schönstes Lächeln.
Und singe dir dein Lieblingslied,
obgleich ich nicht gut singen kann.
Es mischt sich mit den Tränen,
die unablässig aus den Augen tropfen,
und flüstert deinen Namen.

Die Kerze hab ich angezündet
in Erinnerung an dich.
Du bist so nah wie ihre Flamme
und trotzdem auch so fern.
Doch lasse ich die Kerze bei dir stehen
und werde mich bemühen,
sie immer wieder anzuzünden,
wenn sie am Ende und erloschen ist.

Ein Wort von dem, der gegangen ist, an mich:

Dir sage ich: Leb weiter deine Tage.
Du musst sie noch bestehen,
auch wenn die anderen vor dir gehen.
Leb weiter deine Stunden
und lebe sie im Rhythmus deiner Zeit.
Lass Trauer zu,
doch herrschen darf sie niemals über dich,
als hätte sie das letzte Wort.
Du bist noch da,
auch wenn das Liebste fort.
Die Liebe aber geht nur dann verloren,
wenn du sie festhältst und die Fäuste senkst,
als könntest du sie binden nur an mich.
Sie wird sich nur vermehren und ganz neu entflammen,
wenn du sie weitergibst und an andere verschenkst.

Ich lass dich los

Ich suche dich im Wachen und im Träumen.
Doch da ist die Befürchtung,
du könntest dadurch rastlos bleiben,
ich würde dich aus deiner Ruhe holen.
Und das will ich nicht.
Ich wünsche dir so sehr den Frieden
nach all den irdischen Kämpfen endlich Ruh.
So lasse ich dich los!
Nicht meine Erinnerung an dich soll weichen,
doch das Dich-krampfhaft-Festhalten.
Wer liebt, geht niemals sich verloren.

So lasse ich dich los in Gottes Hand.
Er hat versprochen,
jetzt für dich und mich zu sorgen.

Dein Kleiderschrank

Da ist die Jacke, die du gern im Winter trugst,
wenn kalt die Winde pfiffen.
Und da, dein verwaschener Pulli.
Wie oft ermahnt ich dich,
ihn endlich wegzugeben!
Doch jetzt, jetzt ist er plötzlich wichtig,
scheint voll Leben.
Ja, er war wie ein Stück von dir.
So gerne möchte ich ihn tragen.
Doch passt er nicht, ist leider viel zu klein.
So leg ich ihn um meine Schultern.
Es ist, als spürt ich deine Hände.
Jetzt meine ich sogar, ich könnt dich riechen.
Bist du hier?
So nah bist du und doch so fern.
Die Tränen fließen und ich lass sie laufen.
Ich weine und ich weiß, du siehst mich jetzt.

Und weiter räume ich …

Da ist die Tasche mit den Dokumenten.
Ganz wichtig,
doch du brauchst nichts mehr davon!
Ich blättere darin,
im Personalausweis dein Bild
und deine Nummer, dein Geburtsdatum.
Wie viele frohe Feste haben wir gefeiert!
Doch frag ich mich: Wie war es damals,
als deine Zeit begann auf dieser Erde?
Warst du willkommen?
Ich weiß es nicht, hab keine Ahnung.
Doch eines weiß ich: Es war Gottes Stunde.
ER wollte dich.
Und jetzt hat er dich wieder heim zu sich gerufen,
zu seiner Stunde!
Ich will ihm vertrauen,
dass deine Lebensuhr zu seiner Zeit geschlagen hat.

Wo wohnst du?

Hier konnt ich Ort und Straße nennen.
Doch jetzt: Wo bist du hingegangen?
O bitte, sag mir, wo du wohnst!
Ist jetzt das kalte Grab dein Bett?
Mir schaudert.
Ist das Leben? Geboren werden, leben, sterben.
Was ist der Sinn,
wenn dann am Ende alles unterm Boden liegt
und alles Mühen, alle Träume, alle Kämpfe ausgedient?
Erfolge und Versagen und ein Schaffen ohne Ende?
War alles gut und alles schlecht, was zählt?
Was ist geblieben, um was ich mich bemühte?
Mit leeren Händen steh ich da,
kein goldner Ring, kein Titel mehr mich ehrt.
Was zählt jetzt noch?
Nur was der Liebe wert!

Ich werde den Tag deiner Geburt weiter feiern!

Deinen Geburtstag werde ich nicht vergessen!
Ich werde ihn feiern in Erinnerung an dich!
An diesem Tag werde ich frische Blumen
an dein Foto stellen.
Ich werde den Kaffeetisch für dich und mich decken
und den Kuchen essen, den du nicht mehr essen kannst.
Dann werde ich einen Brief an dich schreiben.
Ich weiß, er wird dir übermittelt werden:
Danke für alles Gute,
das durch dich in mein Leben kam,
danke für jedes liebe Wort,
danke für jede Ermutigung,
danke für jede Geste, die mir deine Zuneigung zeigte,
danke für dein Vertrauen!

Und ich werde Gott dafür danken,
dass er dich mir schenkte in meine Zeit hinein.

Und ich werde den Tag deines Abschieds feiern

Den Tag, an dem du gingst,
werd ich auf meine eigne Weise feiern.
Ich werd zum Grab gehen und dir eine Blume bringen.
Und wenn ich vor dem Grabe werde stehen,
werd meinen Blick ich nicht zur Erde senken.
Ich werd ihn richten hoch zum Himmel hin.
Denn was da in der Erde ruht,
ist nur das Samenkorn.
Es liegt da unten wie gestorben und begraben,
doch auferstehen wird es bald,
um Frucht zu tragen für die Ewigkeit.

Du bist zu Hause angekommen.
Ich aber bin noch hier.
Doch unser Abschied, der ist nicht für immer.
Ich bin gewiss, dass wir uns wiedersehen werden!
Was wird das für ein Jubeln sein!

Zum Jahrestag

Im letzten Jahr, da gab es deinen Abschied.
Es war, als wäre mir die Welt gestorben,
als du gingst.
Die Zeit heilt Wunden, sagten sie.
Doch nicht bei mir.
Noch immer blutet mir das Herz,
wenn ich an dich denke und du fehlst,
was für ein Schmerz!

Doch meine Sicht hat sich verändert:
Ich schaue nicht zurück auf den Verlust.
Er tut noch weh, doch ist es nicht für immer!
Im Traurigsein erfasst mich trotzdem wieder Freude,
die Freude auf das Wiedersehen mit dir.

Ich pflanz dir eine Rose

Die dunkle Wurzel legte ich in deine Erde,
so schmucklos braun und unansehnlich, wie sie war.
Doch wusste ich, wenn es geschieht
und Gott spricht sein »Es werde«,
so wird es sein, dass sie in Pracht aufgeht, ganz klar.
Die Rose blüht, der Wind trägt fort den Duft.
Ich rieche, freu mich wie ein Kind daran.
Und in der Luft
liegt ein Erahnen und Begreifen,
dass alles Reifen
in der Erde, ungesehn von unsren Augen,
auf sein Erscheinen wartet – wunderbar.

Das will ich tun …

Solange ich noch hier bin – und du dort –,
versuche ich, das Leben zu bestehen,
für andre Freund zu sein, ihr Leid zu teilen
und auch mit ihnen auf ein Fest zu gehen,
mit ihnen feiern und mit ihnen weinen.

Ich bitte den, den du schon sehen darfst,
zu tun, was er will und wie er´s haben will von mir,
und bin getrost, dass er mich führt
durch Sturm und Wind und Regen.
So, wie ER mit dir war,
wird er auch bei mir sein,
wir beide, unter SEINEM Segen,

denn ich bin – wie auch du –
von IHM geliebtes Kind.

Bildnachweis:
Cover: Getty Images / Azaliya
Innenteil: Vor- und Nachsatz: Getty Images / Chalabala; Seitenhintergrund: Getty Images / Ingram Publishing;
S. 1: Getty Images / Azaliya; S. 5: Getty Images / Ingram Publishing; S. 7: Getty Images / jaconelli; S. 9: Getty Images / Dariusz Majgier;
S. 10: Getty Imges / Niels Kliim; S. 13: Getty Images / Bajak; S. 14: Getty Images / Zwiebackesser; S. 17: Getty Images / CFMARSH;
S. 18: Getty Images / Thomas Northcut; S. 21: Getty Images / Zoonar RF; S. 22: Getty Images / MayaCom; S. 24: Getty Images /
Monsieur_Wizz; S. 25: Getty Images / librakv; S. 28: Getty Images / David Pereiras Villagrá; S.29: Getty Images / fonseca_nuno; S. 32:
Getty Images / Jupiterimages; S. 33: Getty Images / SanerG; S. 36: Getty Images / Siri Stafford; S. 37: Getty Images / Shaiith; S. 40:
Getty Images / frankiefotografie; S. 41: Getty Images / aaa187; S. 44: Getty Images / vnlit; S. 45: Getty Images / Digital Vision

Bibliografische Information der Deutschen Nationalbibliothek
Die Deutsche Nationalbibliothek verzeichnet diese Publikation in der Deutschen Nationalbibliografie; detaillierte bibliografische Daten
sind im Internet über http://www.dnb.de abrufbar.

ISBN 978-3-8429-3545-7

Bestell-Nr. 5.123.545

Gestaltung (Umschlag und Innenteil): Ch. Karádi
Gesamtherstellung: Drukarnia Dimograf, Bielsko-Biała, Polen
Printed in the EU 2016

www.media-kern.de